AF337617

SOLUTION

DU PROBLÈME DE LA COLONISATION

ALGÉRIENNE.

SOLUTION

DU

PROBLÈME DE LA COLONISATION ALGÉRIENNE.

ALGER

IMPRIMERIE DUCLAUX, RUE DU COMMERCE, 7.

1860

AVANT-PROPOS.

Au lieu d'une simple lettre, que j'avais adressée, d'abord, au journal de la localité, j'ai dû me raviser, et prendre le parti d'adopter un autre genre de publicité, plus approprié, d'ailleurs, aux exigences de mon sujet (1).

Ainsi, aux mille brochures qui ont paru depuis vingt ans, seulement, avec la prétention, plus ou moins avouée, de résoudre le problême de la colonisation de l'Algérie, je viens, à mon tour, en ajouter une, qui n'est pas moins que ses aînées entachée du péché originel. Toutefois, à défaut des succès littéraires, auxquels je suis assurément loin de prétendre, et qui ont pu faire absoudre, en quelque sorte, la plûpart de mes devanciers, j'aurai toujours le mérite de la franchise, et, c'est par là, seulement, que j'entends captiver l'attention et les sympatbies de mes lecteurs.

En se ralliant, dans son numéro du 1ᵉʳ courant, à la cause du peuplement de l'Algérie *par une émigration toute française*, l'Akhbar a su mettre à profit la simple communication de cette lettre, que son article du 14 juin dernier avait provoquée, on ne peut que l'en féliciter, du reste ; et, il serait à désirer qu'il eût des imitateurs parmi ceux qui l'avaient entraîné dans une fausse voie.

Rompant donc en visière à toute fausse modestie, je pense et prétends avoir trouvé les moyens les plus propres à assurer le triomphe de la colonisation algérienne, avec des éléments agricoles exclusivement puisés au sein de la Mère-Patrie — au grand déplaisir des négrophiles et des partisants décidés de l'immigration indienne — et de plus, j'estime que si l'on saisit bien mon idée, tranchons le mot, si le Gouvernement se sent le courage et la volonté de la mettre en pratique, j'estime que du même coup on arrivera sûrement à la réhabilitation et à la prospérité de l'agriculture en France. — J'allais dire à une révolution sociale, ni plus ni moins.

Ne criez pas haro sur le baudet, anathème à l'intrus avant d'avoir compris toute sa pensée? Lisez, réfléchissez ensuite, et, s'il est vrai, comme d'aucuns le pensent, que les choses simplement dites ont peu de chances d'être écoutées chez nous, et que les vérités, pour être crues, ont justement besoin de ne pas l'être, en l'autre sens, ma foi tant pis : j'écris comme je pense et comme je parle, et crois faire en cela mon devoir ; pour ce qui est du reste, je m'en lave les mains.

Alger, le 5 juillet 1860.

J. Dumoustic.

SOLUTION

DU PROBLÈME DE LA COLONISATION

ALGÉRIENNE.

Si je n'étais pénétré, comme je le suis, de l'efficacité des moyens que je propose pour arriver à la solution du problême tant de fois agité et dont la colonisation algérienne attend toujours le premier mot ; si je n'étais également convaincu que, de l'application rigoureuse de ces mêmes moyens dépendent essentiellement et la réhabilitation, et la prospérité de l'agriculture française, certes, je renoncerais bien vite à la tâche passablement ingrate que je me suis imposée : non que j'appréhende, après tout, d'avoir à faire à des critiques, que je sais d'avance tout disposés à s'escrimer sur la forme plutôt que sur le fond de mes idées ; mais, c'est que, en vérité, besoin est d'un certain courage ou de l'ardent désir de bien faire, pour oser parler à des gens systématiquement sourds, ou portés par état et par calcul à ne rien tenter de ce qui est logiquement, sainement praticable. Je sais bien que mon plan de campagne trouvera de sympathiques échos ; mais je n'y saurais voir de long-temps que des échos impuissants, et, c'est ce qui me ferait, en quelque sorte, hésiter à poursuivre, si le sentiment du devoir

ne devait l'emporter sur ces considérations, et si je n'avais par-
dessus tout une foi pleine et entière dans la réalisation plus ou
moins prochaine de mes idées.

Mais avant de les exposer, laissez-moi vous dire quelques
mots des raisons déterminantes qui m'obligent à prendre la
plume sans tenir aucun compte de celles qui pourraient m'engager à me taire, et comme, après tout, je n'obéis qu'au seul
désir d'être utile, je consens volontiers à passer pour un sot,
pourvu que j'atteigne mon but et qu'il soit profitable au pays.

Cela dit, voyons s'il m'était permis de laisser s'accréditer
plus longtemps ces coupables hérésies que le talent semble
avoir pris à tâche de glorifier, en dépit du respect qui s'attache
pourtant à la triste et longue série de nos mécomptes.

Que le peuplement agricole et industriel de l'Algérie soit encore en question, après vingt années de tiraillements in-
cessants et de tentatives infructueuses ou mort-nées, nul ne le
saurait contester, et nous sommes, je crois, tous d'accord sur ce
point. Mais, on est loin de pouvoir constater la même homogé-
néité lorsqu'il s'agit de préciser les influences auxquelles nous
devons d'avoir fait fausse route. Cela se conçoit aisément, et
il en est de la question Algérienne comme de tant d'autres qui
ne sauraient se prêter non plus à un examen scrupuleux, im-
partial, par cela seul qu'elles se lient intimement à la mobilité
de nos idées, au jeu de nos passions et à la satisfaction de nos
propres intérêts : aussi parmi ceux qui s'accordent à reconnaî-
tre que nous en sommes encore, pour ainsi dire, au début de
notre entreprise coloniale, combien en est-il qui diffèrent en
matière de critique ou d'appréciation ! Je n'essaierai, certes
pas, de les passer en revue ; j'aurais trop à faire. Je laisserai
tout aussi bien de côté, et pour cause, ces innombrables griefs
que nous avons assez reprochés au Pouvoir sans que nos affai-
res en aient mieux prospéré. Ce que je tiens à constater, en passant, c'est que, sans vouloir excuser les divers Gouvernements
qui se sont succédé depuis 1830, et moins encore leurs repré-

sentants, à tous les degrés de l'échelle administrative, des fautes regrettables qu'ils ont tous commises à l'endroit de la colonisation, nous n'avons pas peu contribué, nous-mêmes, à nos propres déceptions, et par notre inaptitude bien connue, et par le défaut de moyens pratiques, et par notre insouciance même en ce qui touche à l'agriculture ; mais surtout, par nos discussions oiseuses et par nos divagations entées, il est vrai, sur de savantes mais fausses doctrines.

C'est, en effet, à cette soif insatiable d'analyses et de démonstrations, à ces avalanches d'opinions et d'écrits contradictoires ; à ces passes-d'armes plus ou moins brillantes, à ces luttes de tous les instants auxquelles tant d'écrivains nous ont conviés, bien moins avec le désir sincère de nous éclairer, de nous instruire, que d'occuper les esprits de leur inquiète individualité, qu'il convient enfin d'imputer une bonne partie des calamités que nous déplorons.

Et, comme si ce n'était déjà trop de ces sortes de tournois littéraires et de tant d'aberrations, en un mot, nous avons vu tout récemment encore descendre dans l'arène deux ou trois habiles jouteurs, ou si vous aimez mieux, autant d'amants passionnés de notre prospérité coloniale, et vous savez comme : l'un, ne rêve et ne jure que par l'élément esclave ; l'autre, par le travail libre, mais réglementé, et celui-ci encore par le concours *d'engagés* de toute nuance pris au-delà de l'Atlantique ou du Cap de Bonne-Espérance.

Si quelque chose a lieu de surprendre dans cette lutte d'inspiration philantropique, c'est de voir ces trois vaillants athlètes complètement d'accord sur ce que j'appellerai la question capitale à leur point de vue, c'est-à-dire le choix des moyens d'action. Ils diffèrent bien quelque peu, si vous voulez, sur l'origine et la couleur des agents agricoles qu'ils daignent offrir à l'Algérie comme ses seules ancres de salut ; mais à cela près, vous les voyez en parfaite harmonie d'idées en ce qui touche la zône, le foyer où ils nous coujurent de puiser nos plus féconds éléments de régénération ; car il s'agit, ne l'oublions pas, il s'agit, non seulement de coloniser, mais aussi de régénérer ce pays d'adoption, d'étendre les bienfaits de notre influence civilisatrice sur ces peuplades barbares que nous avons à peu près soumises à notre domination, au bout de 30 ans d'efforts et de sacrifices de tout genre ; ne perdons pas, enfin, de vue que nous avons *en face de Marseille un vaste royaume à assimiler à la France*, et, c'est pour atteindre ces divers buts élevés que nos doctes philantropes nous proposent d'en appeler au concours des noirs Africains, des Asiatiques ou des naturels du Mississipi ! que sais-je encore ! En vérité, il faut être bien dépourvu de moyens, ou faire peu de cas de notre dignité et de nos susceptibilités nationales, pour oser préconiser d'aussi pitoyables expédients !

Eh ! Messieurs les érudits, ne criez donc pas tant ni si fort, vive la Nigritie, vive la Chine, ou l'Indoustan, si vous avez, comme je crois, l'honneur d'appartenir à la France !

Mais vous dites que vos clameurs sont justifiées par la conviction intime, qui vous est propre, que la France est incapable non seulement de répondre à nos besoins agricoles, mais encore de suffire à ceux de son agriculture, partant qu'elle n'a nullement calculé la portée de ses forces vives, lorsqu'elle a voulu maintenir son drapeau sur le sol Africain, pas plus qu'elle n'a dû compter sur ses propres aptitudes, pour coloniser et régénérer ce Pays ? Ah ! s'il en était comme vous n'hésitez pas à l'affirmer, le parti le plus sage qui nous resterait à prendre alors, serait évidemment de renoncer à nos chères mais sottes illusions, et de décamper au plus vite d'ici. Et dès-lors, les Cafres ou les Noirs de Tombouctou seraient, à coup sûr, des premiers à vous ériger des statues dans leurs déserts, et, vous auriez certes bien mérité de leur patrie, ne tenant pas plus qu'il n'y parait, à bien mériter de la vôtre.

Heureusement, je crois, vous en serez pour vos traits d'esprit; et, j'augure trop bien encore du bon sens de ma nation, et de ceux qui président à ses destinées, pour craindre un seul instant que vos désespérantes insinuations aient jamais chance d'aboutir.

Que n'allez-vous, fervens missionnaires, que n'allez-vous planter votre tente au cœur même de l'Afrique, ou bien plus loin encore? nous serions charmés de vous y voir expérimenter pour votre propre compte et ces vues philantropiques, et ces savantes théories que vous paraissez avoir tant à cœur de nous vanter. Mettez-vous donc à la besogne, et, quand vous nous aurez convaincus par des épreuves décisives, vous nous verrez applaudir à vos succès, et votre bannière nous ralliera tous dans la voie féconde que vous nous aurez ouverte.

Mais jusques là, cessez de détourner davantage nos esprits du but qu'il nous importe d'atteindre; n'essayez plus de glorifier ni la vigueur, ni l'intelligente fécondité de ces bras d'ébène, de teinte cuivrée ou bronzée; épargnez-nous, enfin, cette nouvelle exhibition de vieilles guenilles, et, ne nous obligez pas à vous dire: pouah! de votre friperie exotique; car nous trouvons que notre population coloniale est déjà bien assez . . . . . . bariolée comme cela. Et puis n'est-ce pas déjà trop, aussi, de cette confusion de langues qui grouillent au sein de notre moderne Babylone! Ah! craignez, par là, de fournir de nouveaux aliments à cette autre confusion d'idées dont l'Algérie a eu déjà tant à souffrir.

Franchement, à voir le peu de cas que vous faites de notre fierté, de notre dignité nationale, on ne peut qu'éprouver un sentiment d'amertume mêlé de dégoût! et j'en dis autant à tous ces zélés colporteurs d'idées pratiques fondées sur l'exemple des États-Unis ou de l'Angleterre.

Eh! quoi! faut-il donc abdiquer ce noble orgueil, cette supériorité traditionnelle dont nous avons tant aimé à nous targuer devant tous les peuples de la terre ! quoi ! la France, cette contrée privilégiée entre toutes, cette avant-garde, ce bataillon sacré de la civilisation et du progrès ; la France, enfin, ce foyer de lumières, ce phare des nations, la France ne serait donc plus, selon vous, qu'une très humble satellite ; ou quelque chose, comme qui dirait une. . . . . pauvre âme en peine qui serait réduite à demander l'aumône, à proclamer sa nullité, sa misère dans toutes les parties du Globe, qu'elle croyait, naguère encore, si rempli de sa gloire et de sa prépondérance !

Voyez, pourtant, à quelles déplorables inconséquences peut conduire le talent, ou plutôt l'abus que l'on en fait !

Sauf correction, m'est avis, Messieurs les savants, que vous ne savez ce que vous dites. Il est toutefois on ne peut plus regrettable que vous ayiez pu divaguer si longtemps à votre aise ; et que nul ne se soit avisé, jusqu'ici, de s'inscrire en faux contre vos étranges et funestes doctrines , si l'on peut appeler de ce nom les tristes écarts de votre esprit.

Ah ! si, tout en faisant montre de votre savoir, vous vous étiez contenté d'avancer que, généralement en France, on se soucie fort peu de l'agriculture, parcequ'elle n'y est point encouragée, et encore moins honorée ; que l'on s'y plaint chaque année, comme vous dites, vous, Monsieur le dernier monté sur la brèche, que l'on s'y plaint de l'abandon toujours croissant des campagnes au profit des villes, par-ce que nos laboureurs espèrent y trouver de meilleurs conditions de bien-être, sur ces points là, je me serais, certes, bien gardé de vous reprendre , étant trop, comme je le suis, de votre avis. Mais, ces considérations posées, ad-mises, vous osez affirmer qu'on n'aura de bras ni en France ni en Algérie ; qu'il y aurait folie à l'espérer, et que dès lors, il ne nous reste plus qu'à prendre votre ours. . . . . c'est-à-dire vos Noirs, vos Chinois, vos Cafres, vos Malgaches, etc. etc. Voilà qui n'est pas tolérable ! et puisque nul n'a pris la parole après vous, force m'est à moi, chétif, mais non transfuge ; à moi deshérité de la science et du savoir, mais fidèle à mes devoirs et à la vérité, force m'est donc de rompre ce coupable silence qui s'est fait sur vos fausses théories, comme sur vos insinuations dangereuses, et de prouver, en quelques mots, que l'avenir de l'agriculture n'est ni si désespérant ni si desespéré qu'on veut bien le dire.

Oh ! mon Dieu, c'est bien simple ! il suffira d'une mesure, radicale, il est vrai, mais qui, par cela même, aura une portée immense pour nos intérêts agricoles, ici, comme de l'autre côté de la Méditerranée.

Que mes lecteurs aient encore un peu de patience, et surtout, qu'ils ne me fassent pas un trop grand crime de mes digressions, car elles me sont nécessaires pour expliquer ma pensée, et pour fournir la tâche que j'ai entreprise. Et d'ailleurs, comme j'ai l'intention bien arrêtée de ne pas revenir à la charge, il faut bien que je puisse dire, une bonne fois pour toutes, ce qui me tient fort au cœur,

Ainsi, je ne sache pas qu'il y ait un peuple au monde plus fécond que le nôtre en conceptions, en travaux d'esprit, en projets de toute nature, mais, en fait d'exécution, si nous l'emportons encore par les perfectionnements et le fini de l'œuvre, il s'en faut de beaucoup que nous soyons des plus prompts à savoir tirer parti de nos idées, et les mettre en pratique, en un mot : témoin ces merveilleuses inventions, qui semblent avoir élevé les sciences, les arts et l'industrie à leur dernière apogée, et dont nous pourrions, en quelque sorte, revendiquer la priorité, sinon pour la plupart, pour une bonne partie du moins ; et, n'était ce défaut de persévérence que nous possédons, je crois, à un degré presque égal à la fécondité ne notre imagination.

Je tenais à dire un mot de cette indolence qui nous caractérise, non pour avoir occasion d'en rechercher la cause ; ce qui n'cst pas de mon sujet ; mais bien pour en tirer la conséquence qui s'est déjà présentée, j'imagine, à l'esprit des lecteurs, à savoir que : eu égard à la mobilité, à l'inconstance de nos idées, et peut-être aussi à ce manque d'esprit d'association, si regrettable, les moyens que je vais indiquer pour résoudre le problême en question courraient grand risque de subir le même sort que la plupart des propositions depuis longtemps émises et oubliées, si je ne comptais, pour les faire triompher, que sur uotre propre initiative, et, à ce propos, qu'il me soit permis d'établir, en passant, que quoiqu'on veuille prétendre, nous sommes et serons encore longtemps bien loin d'être assez mûrs, pour marcher sans ces lisières administratives, sans cette tutelle gouvernementale auxquelles nous n'avons que trop été habitués, n'en déplaise même à mes propres appréciations d'un autre temps, et à celles que de soi-disants esprits forts essaient, mais en vain, de faire prévaloir aujourd'hui.

Et tenez, sans rien dire de ces grandes industries, de ces spéculations, de ces entreprises colossales, qui ne sauraient guère prospérer en France si elles n'étaient patronées, garanties, soudoyées par l'Etat, pense-t-on que les chemins de fer algériens, d'abord, et puis notre Boulevard projeté auraient chance de réalisation sans l'intervention, la protection puissante du Gouvernement ? En l'honneur de qui donc ces fêtes vénitiennes, et ces feux d'artifice qui passent, à vrai dire, tout aussi vite que la pensée qui les a conçus ? Si je ne me trompe, c'est bien au Pouvoir, à l'Administration supérieure que vous entendez adresser vos remerciements et vos actions de grâce, toutes les fois qu'on vous avise d'un projet intéressant l'avenir du Pays ? et non pas à la Compagnie des chemins de fer qui n'est pas même encore à l'état d'embryon, pas plus qu'à sir Morton Peto, que vous ne connaissez pas, et qui n'a rien fait encore pour donner signe de vie ! c'est en effet au Pouvoir, seul, notre délégué, notre représentant immédiat que doivent s'adresser nos vœux et notre gratitude. Quoi ! nous lui donne-

rions le droit, la faculté sans limites, de faire la guerre et la
paix avec telle ou telle autre puissance ; de lever des armées et
des impôts ; de disposer, en un mot, de tout et de nous-
mêmes, et vous ne voudriez pas que le soin de réaliser ce qui
importe à notre bien-être lui incombât également : en vérité,
nous avons parfois d'étranges façons de juger des choses qui
nous touchent ! Voyons si je serai plus heureux dans mes appréciations nouvelles ? et ici, j'arrive tout naturellement à
l'exposé des moyens que je crois éminemment propres à résoudre le problême qui nous occupe.

Comme l'initiative du Pouvoir est inhérente à ma manière
d'envisager la question ; et, comme, de par la constitution de
l'Empire, il ne m'appartient pas d'élever ma voix jusqu'au
Trône, où je la voudrais faire arriver pourtant ; besoin est, en
ce cas, de procéder constitutionnellement, hiérarchiquement,
et, pour cela faire, je ne vois pas d'interprète plus naturel, plus
légitime que notre municipalité.

C'est donc à vous, Messieurs du Conseil Municipal, que je
m'adresse, pour faire agréer ma requête à qui de droit. Mais,
comme le succès que j'ambitionne dépend essentiellement de
l'heureux choix des termes qu'il convient d'employer vis-à-vis
d'un Souverain ; car c'est à l'Empereur Napoléon III lui-même
qu'il importe d'en appeler du mérite de mes intentions, vous
voudrez donc bien suppléer à mon insuffisance en donnant
tous les développements nécessaires aux simples idées que je
me borne à vous indiquer ci-après :

Ainsi vous lui direz, par exemple :

Sire,

De même et bien plus encore que l'agriculture en France la
colonisation algérienne est aux abois ; l'une et l'autre se meu-
rent si vous ne leur venez promptement en aide, et vous seul
le pouvez.

Nous savons que vous y avez déjà songé, mais nous savons
aussi que des questions majeures et d'un ordre on ne peut plus

élevé vous ont souvent détourné de ces préoccupations. Heureusement il nous revient depuis quelques jours, et notamment depuis votre entrevue avec les Souverains d'Allemagne, que les nuages, qui assombrissaient naguère encore l'horizon politique, commencent à se dissiper, disons mieux : permettent d'entrevoir déjà une sérénité parfaite et prochaine. Nul, croyez-le bien, Sire, n'attend ce fortuné moment avec plus d'anxiété que nous ; et, puisqu'il est proche, nous nous en réjouissons d'autant plus que vous allez pouvoir, enfin, réduire l'effectif de l'armée à sa plus simple expression ; c'est-à-dire au chiffre strictement nécessaire pour maintenir et protéger à l'intérieur ces besoins d'ordre que vous y avez su faire apprécier.

Vous devinez, déjà, Sire, les résultats immenses qui vont découler de cette salutaire réduction. Il en est un, entre mille, qui nous préoccupe vivement, par la raison toute simple que nous y voyons le seul remède qui convienne aux souffrances de la mère-patrie et de notre pays adoptif.

Et en effet, si notre armée se compose, à cette heure, de 600,000 soldats, comme d'aucuns le pensent, et que la moitié au moins appartienne à la population des campagnes, vous allez donc restituer, tout d'un coup, à l'agriculture quelque chose comme 500,000 pionniers des plus éprouvés.

D'un autre côté, si nous ajoutons à ce précieux renfort le nombre de conscrits que le recrutement ordinaire enlève chaque année aux champs ; et de plus, la portion virile sur les 500,000 orphelins que la France paraît avoir sur les bras, au dire de certains chroniqueurs, nous aurons ainsi, de compte fait, pour la prochaine campagne agricole un fort respectable noyau de 400,000 agriculteurs en chiffre rond, qui s'arrondira encore d'année en année d'un nouveau contingent.

Eh bien ! Sire, que votre sollicitude pour l'Algérie, pour ce vaste royaume que vous avez dessein d'assimiler à la métropole, se traduise d'abord par un prélèvement, en sa faveur, de

200,000 bras, triés avec soin sur ceux qui deviendraient disponibles, à notre point de vue ?

Faites ensuite que, par vos sages prescriptions, ces 200,000
auxiliaires ; soit 100,000 pour le département d'Alger, et
50,000, pour chacun des deux autres, reçoivent en y arrivant
une organisation en tous points convenable et digne du but
élevé que vous vous êtes proposé ; et, l'histoire de votre règne
s'enrichira de la plus belle page qui ait jamais été burinée en
l'honneur d'un Souverain ; et la France et l'Algérie vous de-
vront toute la prospérité inhérente à ce grand acte de votre ma-
gnanimité.

Sans doute, il faut s'attendre à voir des gens hostiles, incré-
crédules ou trembleurs, qui chercherout à vous démontrer,
Sire, que le licenciement de l'armée, tel que nous le souhai-
tons, serait on ne peut plus dangereux, s'il n'était avant tout
irréalisable.

Dangereux ! mais où donc est l'ennemi qui nous menace, et
qui ne sache, déjà, qu'on ne saurait nous menacer impunément !
Voudrait-on dire, alors, que les passions politiques sont encore à craindre dans nos foyers ! mais, ne sait-on pas qu'elles
n'ont plus de raison d'être,

Irréalisable ! mais n'en disait-on pas autant de votre avène-
ment à l'Empire, d'abord, de tant d'autres faits significatifs qui
l'ont suivi, et notamment de ce fameux traité de commerce avec
notre puissante Alliée et voisine, dont vous avez su doter heureusement le pays malgré lui-même, ou plutôt en dépit de
certains grands intérêts qui, jusque là, avaient paru inébranla-
bles.

Voudrait-on une nouvelle et plus récente preuve de la fra-
gilité de ce mot : *irréalisable* devant une volonté fortifiée par
la conscience de ses droits et de ses devoirs, devant une volonté
qui s'appuie sur la confiance d'un Peuple fort et valeureux !

Répondez aux gens hostiles, incrédules ou trembleurs, ré-
pondez-leur, Sire, par ce prodigieux rétablissement de nos

anciennes frontières cisalpines, et, demandez-leur, à votre tour, qui d'entr'eux eût osé l'entrevoir ou l'espérer avant ce nouveau triomphe de votre saine politique !

Et si, après ces preuves éclatantes de votre incontestable puissance il s'en trouve encore qui osent en douter, confondez-les alors par le *licenciement* de 300,000 soldats de votre armée de terre, et, soyez sûr que vous les retrouverez à l'heure des dangers, suivis, si besoin est, d'un nombre plus considérable encore !

. . . .

Voilà, en substance, Messsieurs du Conseil municipal, voilà ce que vous pourrez dire à l'Empereur, en lui touchant aussi quelques mots des idées complémentaires que je veux vous soumettre, pour votre gouverne.

Ainsi pour en finir avec la question du licenciement et pour la faire entrer mieux dans l'esprit du Chef de l'État, vous devriez essayer de lui démontrer, ce qu'il sait mieux que nous du reste, qu'il n'y a pas lieu de s'inquiéter ni des nouveaux accès fébriles du malade Ottoman, ni des terribles Zouaves que Saint Lamoricière est en train d'enfanter *depuis plus de huit jours*, comme on sait, pour le plus grand triomphe des vues parfaitement *désintéressées* de l'Eglise romaine, ni des éruptions politiques de Naples ou de la Sicile, et encore moins des enrôlements volontaires dont on fait grand bruit de l'autre côté de la Manche ; que tout cela ne saurait prouver que l'Europe ne soit positivement fatiguée de jouer aux soldats. Remarquez bien que je ne parle pas de la France, mais seulement de l'Europe qui sent, en effet, le besoin, fort légitime, de se recueillir, pour aviser aux meilleurs moyens de féconder les ressources du sol, et de contribuer utilement aux progrès toujours croissants des sciences, des arts et de l'industrie ; qu'en un mot, rien n'empêche le licenciement dont s'agit, et que, loin de laisser entrevoir des dangers, on y verrait au contraire, de part et d'autre, des motifs suffisants de confiance et de sécurité : qui pourrait,

en effet, exiger une preuve plus éclatante des dispositions pa-
cifiques de la France et de son Empereur !

Ou je me trompe fort, ou j'aime à penser que les considérations qui précèdent vous sembleront assez conclu-
antes, Messieurs les Conseillers, pour vous déterminer à
les soumettre à qui de droit ; que si, pourtant, besoin était,
pour vous y résoudre, d'un argument plus péremptoire et
sans réplique, je vous ferais remarquer, en ce cas, que les
États-unis et l'Angleterre, pour n'avoir pas, tant s'en faut,
des armées de 5 à 600,000 hommes sur pied, n'en sont pas
moins deux des États les plus prospères et les plus puissants
du monde. Voilà qui pourra donner à réfléchir un peu, je
crois.

Passons maintenant aux questions subsidiaires, ou si mieux
vous aimez, aux moyens pratiques.

Le licenciement de l'armée étant admis, et l'Algérie étant
appelée à bénéficier, comme il a été dit, de cette salutaire
mesure, il ne s'agit plus que de savoir comment nous nous
y prendrons pour la rendre la plus fructueuse possible : à
vrai dire, ce soin incomberait tout naturellement au Ministère de l'Algérie et à nos divers Administrateurs, qui n'ont
pas été créés, j'imagine, pour ne rien faire. Mais, comme
on ne s'avise pas de tout dans ces sphères élevées, il ne
sera peut-être pas inutile que j'expose ici les quelques idées
que j'ai conçues dans mon humilité.

J'entends d'ici bien des lecteurs me dire que ce n'est pas
la peine d'aller plus loin, si je n'ai, pour peupler l'Algérie,
de plus sûrs garants, ni d'autres moyens à leur offrir que
le licenciement de l'armée dont ils ne sauraient se leurrer.

Auriez-vous donc oublié déjà cette déclaration si mémo-
rable, pourtant, que l'Empereur faisait tout récemment à ses
Ministres réunis tout exprès en Conseil pour l'entendre à
son retour de Bade ?

« Soyez *certains*, Messieurs, que je viens *d'assurer la*

» *paix de l'Europe.* Occupons-nous *en toute sécurité* de nos
» grands travaux publics et de nos réformes commerciales. »

Que vous faut-il de plus alors pour croire aux probabili-
tés, à l'imminence même d'un désarmement !

Je comprends, vous craignez peut-être que de nouvelles
complications politiques ne surgissent inopinément et tout
juste, ou plutôt assez mal à propos, pour remettre en question la paix de l'Europe ; et partant, ajourner aux calendes
grecques la réalisation de mes chères espérances ! . . . vous
pourriez bien avoir raison, après tout ; mais l'hypothèse contraire n'est pas moins admissible.

Dans le premier cas, je ne vois pas trop à quoi bon m'é-
vertuer à chercher d'autres expédients ; tout ce que je pourrais
imaginer, dans ce but, devant fatalement avorter par la force
même des choses et des circonstances.

Il est vrai que, d'un autre côté aussi, vos craintes peuvent
être chimériques, à l'endroit des éventualités de guerre, sans
cesser d'être fondées, en ce qui touche la question du désarmement, et alors, je conçois à la rigueur que vous me de-
mandiez si je n'ai pas d'autre expédient en poche.

Je veux bien essayer de parer cette botte, mais il est
parfaitement convenu que vous restez seuls responsables du
sacrifice que vous m'imposez en m'obligeant à substituer
d'autres propositions à celle qui me semblait devoir répondre,
on ne peut mieux, à nos vœux les plus pressants et les plus
légitimes.

Et puisque vous tenez à ce que je m'exécute, j'estime
alors que, pour suppléer efficacement à cette pénurie de bras
dont l'agriculture se plaint des deux côtés de la Méditerranée, et pour créer en faveur de l'Algérie un courant
d'émigration que le simple bon sens et l'amour-propre natio-
nal nous invitent à demander exclusivement à la mère-patrie,
contrairement aux déplorables aberrations des savants philantropes, que vous savez, — j'estime, enfin, qu'il ne faut

rien de moins qu'une mesure tout aussi héroïque, mais plus féconde encore, à mon point de vue, que celle du licenciement des 300,000 hommes.

Ainsi, je ne crois pas me tromper, en affirmant que le problème de la colonisation Algérienne sera décidément résolu si le Gouvernement de l'Empereur veut bien décréter, par exemple, que :

« *A dater du 1er janvier 1861 seront exemptés de la conscription* :

1° Les jeunes gens, fils de parents non agriculteurs qui, au moment du tirage au sort, pourront justifier d'au moins cinq ans de pratique agricole et prendront l'engagement de ne pas déserter les travaux des champs, avant un nouveau laps de sept années.

2° Les fils de laboureurs qui, à l'époque du sus-dit tirage s'engageront avec leur famille à s'établir en Algérie, (aux conditions dont il sera question ci-après). »

Si un décret conçu dans ce sens, avec quelques encouragements à l'étude théorique et pratique de l'économie rurale, n'amène point la réhabilitation de l'agriculture en France, et le peuplement agricole et industriel de l'Algérie, — ma foi, cherche alors qui voudra. — J'aurais bien à la rigueur un autre remède non moins énergique, mais vous n'en voudriez pas par cela même, et vous ne manqueriez pas de m'accuser de vouloir trop pousser les esprits vers un art sans éclat, aux dépens de certains autres qui font toute notre gloire, y compris celui de bien massacrer, dans lequel nous excellons toujours, comme on sait.

Tenons-nous en donc, croyez moi, au décret que je viens d'esquisser, et soyez sûrs que les conséquences qui s'y rattachent sont d'une assez grande portée pour être dignes de couronner l'œuvre révolutionnaire que Napoléon III me semble avoir pris à cœur de poursuivre à son heure.

Ah! si j'avais la lucidité d'esprit et la plume exercée

de certain publiciste en renom, comme, à sa place, je sai-
sirais l'occasion de racheter *cette fin de non recevoir* par laquelle il nous ajourne *à quatre ans* pour nous dire ce que
nous devons espérer ou craindre de l'avenir de notre conquête !

En attendant qu'il se ravise, et me veuille prendre au mot,
permettez, chers lecteurs, que je vous touche quelque chose
des moyens pratiques qui forment l'indispensable corollaire
de mes propositions.

Je laisse de côté, bien entendu, les considérations qui
ont trait aux développements que l'agriculture pourrait recevoir en France, au point de vue où nous voilà placés, et
j'arrive tout de suite à ce qui nous intéresse plus particu-
lièrement, comme Algériens.

Ainsi, il nous faudra d'abord, non pas *cantonner* les Ara-
bes : cette idée répond mal à l'influence tutélaire que nous
prétendons exercer sur eux ; mais bien *les constituer* ou *les
organiser*, comme l'on voudra, en consacrant d'une manière
équitable et définitive les droits de propriété, que l'esprit
et le but de notre conquête permettent de leur déférer.

Entre temps, déblayons le terrain de tous ces funestes
parasites qui s'y sont abattus sans profit pour la colonisation ;
que la mesure récemment édictée par l'Autorité préfectorale
ne soit plus un vain mot, et que tous nos heureux privilé-
giés, grands et petits, qui n'ont point satisfait à leurs en-
gagements, soient au plus vite évincés de leurs concessions.

Quand à celles qui auraient été vendues et qui n'en seraient
pas moins en friche, encore aujourd'hui ; que la clause ré-
solutoire soit également appliquée, sans merci, aux derniers
détenteurs, sauf à eux à excercer leur recours contre les
concessionnaires.

En cas d'insolvabilité de la part de ceux-ci, il me sem-
blerait assez juste, alors, que l'État se résignât à rembour-
ser à l'acquéreur, sérieux ou non, le prix porté sur l'acte
d'achat ; mais sans intérêts ni frais quelconques.

Après avoir ainsi fait justice de tous les oisifs, il va sans dire qu'on reporterait à la masse des terres disponibles, dans la zône civile, d'abord, toutes les quantités provenant de ces évictions, et, ici commencerait la tâche du Service topographique, pour la répartition du sol à livrer à la colonisation.

Ce travail préparatoire serait divisé en trois catégories.

La première, qui représenterait les 3/5 de l'avoir territorial serait formée de lots de 15 à 30 hectares;

La deuxième, soit 1/5, de lots de 50 à 100 hectares.

Et la troisième soit le 1/5 restant, de la réserve à faire pour des compensa'ions à établir, s'il y avait lieu, avec les Compagnies des chemins de fer, ou en prévision d'autres besoins, et même pour faire une part à la spéculation.

Le tracé de nos voies ferrées se trouvant irrévocablement arrêté, rien n'empêchera donc que cette opération du lotissement soit conduite de manière à concilier les exigences de la culture avec la meilleure assiette possible de nos futurs centres agricoles.

Tout étant ainsi disposé, il s'agit de savoir à présent à quel mode d'organisation il convient de s'arrêter pour sortir du cercle vicieux dans lequel nous nous débattons en désespérés, et pour éviter le retour de ces funestes mécomptes, qui, grâce au système des concessions, aux tatonnements irréfléchis et à notre incurie à tous, ont eu pour dernier effet de dépopulariser l'Algérie en France et partout.

Je ne m'aviserai point de conduire l'émigrant pas à pas et d'étape en étape jusqu'à sa porte de sa nouvelle habitation : Messieurs les Administrateurs voudront bien, je l'espère, s'arranger de ces détails obligés. Ce que je tiens à dire seulement, c'est que, pour arriver à une solide organisation des éléments agricoles que nous sollicitons, il importe, à mon sens, de prendre à peu près le contre pied de tout ce qui s'est fait jusqu'ici.

Ainsi, avec l'attrait d'une possession, non plus illusoire,

mais réelle, offrez, en même temps, toutes les facilités désirables, toutes les garanties d'affranchissement et d'indépendance, et vous aurez affluence de bras.

Au lieu d'avoir l'air de donner pour rien à tout le monde, ce qui, en définitive, n'a coûté que trop cher aux plus pauvres, dites franchement aux émigrants que la France vous enverra, avec joie, sous l'empire des mesures proposées, déclarez-leur nettement que vous n'avez plus de terres à *donner* mais à *vendre*, et faites connaître d'avance vos conditions.

Je les voudrais telles, par exemple, qu'il ne puisse y avoir aucun malentendu par la suite ; et l'on atteindrait ce but, je crois, en établissant trois prix seulement.

Un, le plus bas possible, pour les parcelles abruptes, rebelles à la culture, et seulement propres au pacage, soit de 10 à 15 fr. par hectare.

Un autre pour les terres marécageuses, ou à palmiers et broussailles, qui ne saurait s'élever à plus de 30 fr.

Un troisième enfin que je porterais à la moyenne de 75 fr. pour les parties immédiatement cultivables.

On comprend de reste que ces données ne seraient applicables qu'à notre émigration française : aussi, ne saurais-je trop engager l'Administration à ne pas lésiner avec elle ; comme créancier à long terme, l'État saura toujours trouver des dédommagements dans l'avenir qui lui appartient tout entier.

En ce qui concerne le mode de paiement, je voudrais qu'un délai de *dix ans* fut accordé aux immigrants, avec faculté de se libérer par dixièmes, et d'anticiper au besoin. Mais, par dérogation au principe admis, je serais d'avis également de leur interdire le droit de cession à des *tiers*, à moins de libération complète avant le terme stipulé, ou d'impuissance, bien constatée, de la part du détenteur (1).

---

(1) Dans tous les cas le droit de cession ne devrait être accordé qu'après six ans d'épreuve.

Cette interdiction aurait sa raison d'être, d'ailleurs, et dans l'exonération que je propose plus haut en faveur des familles qui viendraient s'établir ici, pour échapper à la loi du recrutement, et dans les garanties de stabilité que réclame le progrès de la colonisation algérienne.

Comme complément des avantages à offrir aux émigrants, et sous le rapport, aussi, de leur bonne et solide organisation, il conviendrait que l'État fît construire, à titre d'avance, et, au fur et à mesure des aliénations, soit sur l'emplacemeut réservé pour un centre agricole, soit sur les lots qui en seraient trop éloignés :

1° Une habitation en bonne maçonnerie de chaux et sable, et convenablement appropriée à tous les besoins agricoles de ses futurs hôtes ;

2° Et d'un puits également en bonne maçonnerie pour la partie supérieure au niveau probable de l'eau, avec un diamètre suffisant pour recevoir ultérieurement une noria.

Il va de soi que la valeur de ces constructions serait ajoutée au montant de la vente du lot, et que le service des intérêts, au taux de 5 p. 0|0, serait exigible à dater de la prise de possession seulement.

Je ne parlerai pas des mesures qu'il serait également bon de prendre pour utiliser les bras des immigrants en attendant le jour de leur installation. Cette question serait heureusement tranchée si leur arrivée en Afrique pouvait coïncider avec l'ouverture de nos grands travaux en projet.

Je n'examinerai pas non plus si, lors de la création des centres agricoles, on devra ou non s'attacher à y faire revivre par leur composition et leur désignation, le nom, les habitudes et les souvenirs du clocher. Franchement, j'aimerais tout autant, et mieux encore, sous bien des rapports, qu'on se bornât à demander à la Mère-Patrie des familles rangées, laborieuses et d'une moralité éprouvée, sans chercher à leur donner le change sur un état de choses qu'elles ne sauraient retrouver ici.

L'idée des villages départementaux, excellente en elle-même, et la seule qui, à mon sens, ait pu mériter d'être prise au sérieux à certains points de vue, aurait aujourd'hui l'inconvénient d'exiger des sacrifices que l'agriculture française ne saurait faire, en l'état, sans la promulgation de mon projet de décret.

Terminons donc notre tâche par quelques mots d'explication au sujet des constructions dont je parlais tout à l'heure.

J'ai déjà dit que, contrairement à l'opinion que l'on s'efforce de propager aujourd'hui, j'étais partisan décidé de l'initiative, ou si mieux l'on aime, de l'action gouvernementale, dans la question qui nous occupe du moins. Je ne le suis, à dire vrai, que depuis peu, et j'avouerai même qu'avant de prendre la plume j'avais déjà basé mes idées, là dessus, sur les moyens d'exécution que de récents décrets nous font entrevoir.

Mais, en y réfléchissant mieux, j'ai compris qu'il était ici question d'organisation sociale et non point d'entreprise industrielle ; que dès lors au gouvernement seul devait appartenir le soin de présider et de pourvoir aux exigences d'une tâche aussi importante que celle d'où dépend l'avenir de ce pays.

A ceux qui sont d'avis contraire, je dis : le Gouvernement fait bien construire des casernes, des églises et d'autres établissements qui ne lui rapportent rien : pourquoi donc ne voudriez-vous pas qu'il se chargeât de constructions qui lui rendront au centuple le montant de ses avances ? et ces questions d'ordre, de moralité, de bien public qui dominent le but matériel, ne vous semblent-t-elles donc pas dignes de toute sa sollicitude ?

Si vous ne redoutez, comme je le suppose, que les complications d'écritures, les difficultés de surveillance et les lenteurs inhérentes à une telle entreprise par les soins de l'État, je redoute bien plus encore, moi, pour l'avenir de la colonisation, les résultats probables de l'initiative individuelle, la spéculation aidant ! mais, n'y aurait-il pas, par hasard, quelque moyen pour tout concilier, pour nous mettre d'accord, en un mot ? celui, je suppose, qui consisterait à laisser à l'Administration la direction suprême, et les soins d'exécution non plus aux compagnies des chemins de fer ni à la société du crédit foncier, comme je l'avais pensé d'abord, mais bien à l'industrie algérienne, sous la surveillance active d'une commission composée dans chaque département, des membres les plus compétents du Conseil Général et des Conseils Municipaux, présidée par le Préfet qui, tout naturellement, rendrait compte au Ministère de l'Algérie de toutes les phases de l'œuvre.

Il est bien entendu que, dans mon esprit, cette combinaison ne saurait annihiler, en aucun cas, la clause par laquelle je voudrais que l'immigrant ne fut constitué débiteur qu'envers l'Etat. On me dispensera, j'espère, d'en dire les raisons, sous un ciel si fertile en d'autres créanciers.

Et maintenant je me plais à croire que le lecteur voudra bien me pardonner de l'avoir tenu si longtemps pour quelques idées qui pouvaient se traduire, sans doute, d'une manière plus concise et plus heureuse. Qu'importe, après tout, si les simples jalons que je viens de poser, peuvent conduire à de plus utiles découvertes ! J'y applaudirai de tout cœur.